Collection de M. le baron R. P. Portalis

DESSINS

ANCIENS ET MODERNES

CATALOGUE

DE

DESSINS ANCIENS

IMPRIMERIE D. DUMOULIN

rue des Grands-Augustins, 5, Paris.

CATALOGUE

DE

DESSINS ANCIENS

PRINCIPALEMENT DES

MAITRES FRANÇAIS DU XVIIIe SIÈCLE

Parmi lesquels on remarque des œuvres de :

Borel, Boucher, Cochin, Debucourt, Eïsen, Fragonard, Freudeberger, Gravelot, Greuse, Huet, Lancret, Le Barbier, Marillier, Moreau le Jeune, Prud'hon, Hubert-Robert, Saint-Aubin, etc.

DESSINS MODERNES

PAR

Dagnan, Eug. Delacroix, Meissonier, H. Regnault, etc.

MINIATURES

LE TOUT FORMANT

La Collection de M. le baron R. Portalis

DONT LA VENTE AURA LIEU

HOTEL DROUOT, SALLE N° 3

Le Lundi 14 Mars 1887, à 2 heures

COMMISSAIRE-PRISEUR	EXPERT
Me PAUL CHEVALLIER	M. EUG. FÉRAL, peintre
rue de la Grange-Batelière, 10.	Faubourg-Montmartre, 54.

Chez lesquels se trouve le présent Catalogue.

EXPOSITION PUBLIQUE

Le Dimanche 13 Mars 1887, de une heure à cinq heures.

CONDITIONS DE LA VENTE

Elle sera faite au comptant.

Les adjudicataires payeront *cinq pour cent* en sus des enchères.

L'ordre numérique sera suivi pour la vente.

C'est une erreur de croire que le Parisien fait la grasse matinée, se livre au far niente *dans la journée et, le soir, à la dissipation. Quelques oisifs peuvent commencer ainsi, mais les petits esprits seuls y persistent. La majeure partie des gens du monde se lance bientôt dans des voies qu'elle parcourt avec des chances diverses. Tels se donnent tout à la chasse. D'autres, vrais centaures, vont se faire casser la tête dans les* steeples. *Quelques-uns, aux goûts plus tranquilles, ne manquent ni une réception du high-life, ni une première représentation. Enfin de plus raffinés encore ne jurent que par Apollon et les beaux-arts : médailles, peinture, sculpture, gravure, dessins, les absorbent. Ils ne s'occupent désormais qu'à remuer la poussière, qu'à déranger les araignées de Paris, des départements et de l'étranger, scrutant avec une patience de sauvage les cartons, les armoires, et jusqu'aux greniers.*

Il était un de ces oisifs infatigables, celui qui a réuni avec un tact délicat les dessins de cette vente. Il a même consigné ses impressions sur leurs auteurs, dans les Dessinateurs d'Illustrations au dix-huitième siècle.

C'est que le dessin a quelque chose de charmant et de distingué que n'a pas toujours le tableau. Tantôt c'est le premier jet de la pensée de l'artiste, le croquis primordial d'où jaillira l'œuvre finie, tantôt c'est la composition achevée, lavée soigneusement à la sépia ou au bistre, qui servira à l'interprétation des graveurs. Beaucoup plus intime que la peinture, le dessin n'a pas besoin, comme elle, de grands espaces. Il charme, il attire, il réclame le demi-jour des boudoirs, la discrète lumière du cabinet de travail chez l'homme de goût.

De tout temps les amateurs ont recherché les dessins. On conservait au seizième siècle précieusement les esquisses des grands maîtres. Au commencement du siècle dernier, les moindres ébauches échappées des mains de Watteau allaient enrichir les cartons de Jullienne, La Live ou Caylus. Les amateurs, qui se succédèrent, agirent de même; à notre tour, nous suivons leur exemple. Et pouvait-on faire autrement avec des artistes comme Boucher, Lancret, Pater et tant d'autres? Boucher n'est-il pas le digne héritier des maîtres, n'est-il pas le peintre le plus français de notre École française? Quelle facilité, quelle grâce! Ses nymphes ont réellement ces chairs frémissantes sous lesquelles on sent vibrer la jeunesse féminine.

Lancret et Pater ne lui sont guère inférieurs;

ils ont aussi très bien compris la femme de leur temps, son allure pimpante en ses affiquets élégants. Quant aux petits-maîtres du dix-huitième siècle, — dont les vignettes ingénieuses, gracieuses, graveleuses même, seront gravées par les élèves de Cars, de Wille ou de Lebas, — nommer Cochin, Gravelot, Moreau le jeune, Eisen, Marillier, Saint-Aubin, c'est désigner les plus éminents et les plus connus de ces artistes qui ont composé pour des livres, souvent insipides, des dessins qui empêcheront cette littérature de tomber dans l'oubli. Ces artistes ont su rendre avec grâce la situation scabreuse d'un roman, la scène capitale d'un conte ou d'une tragédie. Quelques-uns ont traité magistralement le portrait : jamais photographies ne paraîtront plus ressemblantes que certains profils de Cochin, jamais blondes Parisiennes ne seront mieux idéalisées que par les mines de plomb *d'Augustin de Saint-Aubin.*

Un charmeur d'un autre genre est Fragonard, le dessinateur sans égal des Contes de La Fontaine. Son pinceau a une pointe de gaieté; son crayon fait éclore les sourires; d'un seul trait il explique son sujet mieux qu'un autre, avec toutes les ressources d'un travail minutieux. A la fin du siècle apparaît Prudhon, l'artiste unique, qui vient par une transition magnifique, réunir ce sémillant et insouciant dix-huitième siècle aux inspirations plus graves, presque austères de David. Prudhon, par ses dessins moelleux, caresse l'œil charmé : c'est la grâce antique rajeunie de deux mille ans, sous le souffle du génie moderne.

Le dessin a donc une valeur incontestable quand s'y reconnaît la griffe du maître; mais quand on chasse ce gibier, il est indispensable d'avoir l'œil ouvert et l'oreille aux aguets. Les contrefacteurs fabriquent des dessins, comme les faussaires, de pseudo-billets de banque. Aussi les amateurs sont-ils toujours en garde contre les tromperies qui revêtent les formes les plus ingénieuses. Mais tout le monde ne s'y laisse pas prendre, et moins que personne l'amateur qui a réuni la collection dont je vais dire un mot.

*Il l'a formée en furetant dans les portefeuilles des marchands de la vieille école, en glanant aux ventes Mahérault, Walferdin et Laperlier, en ramassant en province, jusqu'en Italie et en Suisse, les épaves de cabinets dispersés jadis. Vous trouverez dans son catalogue des compositions anciennes de Goltzius, de Delaune et des dessins d'ornement parmi lesquels un modèle d'encrier dans le gout de Bérain. Je vois ensuite d'agréables croquis de Watteau et de Lancret. — Boucher est représenté, par deux maîtresses pages, dans l'*Enlèvement d'Europe*, galante composition qui a été gravée par Augustin de Saint-Aubin pour les* Métamorphoses d'Ovide*, et surtout dans une délicieuse vision de jeune fille renversée, nue, appuyant deux colombes sur son sein : tout ce qu'on peut voir de plus gras, de plus* *succulent en chair, de plus Boucher. Quel éclat dans cette peau rosée, quels tons argentins et délicats le peintre a su donner à cette figure faite pour Varanchan, un toqué du siècle dernier, qui possédait encore les dessins du* Verrou *et de l'*Armoire *de Fragonard! — Après Boucher, je ne veux pas oublier Greuze dont j'aime quelques vigoureuses esquisses et* la Villageoise rêvant : *à quoi peut-elle bien rêver, sinon à son amoureux? Je citerai deux* Bacchanales *de Moreau le jeune, le plus complet assurément des vignettistes, et je signalerai de Cochin des portraits de femmes, bourgeoises et grandes dames, d'une exécution soignée; et surtout les dessins pour l'*Histoire de France du Président Hénault, *compositions savantes, d'un faire supérieur.*

J'arrive aux maîtres de la vignette, ils y sont tous. Le Barbier et ses sépias irréprochables; Gravelot et ses personnages si souriants, si nettement dessinés; Desrais, avec ses fables; Borel, ordinairement si leste, avec de fins dessins à l'encre de Chine pour les Comédies de Destouches. *N'est-ce pas de quoi exciter la convoitise des bibliophiles? Voici l'encadrement du portrait de* Poullain de Saint-Foix, , *par Marillier, je l'ai aperçu autrefois chez l'excellent et regretté Philippe de Saint-Albin; et puis une amusante aquarelle de Dugoure : l'*Amour triomphant, *c'est-à-dire un couvent où toutes les nonnes donnent une représentation allégorique de la chanson du colonel; enfin, pour terminer cet* *inventaire affriolant, il faut indiquer les pièces dues au crayon d'Eisen, Lépicié, Huet, Hubert-Robert, Houël, Freudeberg, Schenau, Challe, Duplessis-Bertaux, et Durand qui fut miniaturiste du duc d'Orléans.*

L'espace me manque, mais je dois tirer de pair les deux Saint-Aubin : regardez le joli portrait de femme exécuté par Augustin, et l'aquarelle de Gabriel montrant Louis XVI qui offre son cœur à la jeune reine Marie-Antoinette, pendant que l'Amour couronne les époux. C'est une composition curieuse, elle provient de la vente du marquis de Castelbajac. — Voyez encore, d'Honoré Fragonard, l'esquisse du Temps orageux; *les plus connaisseurs avoueront que cette aquarelle, enlevée avec maestria, était l'une des perles de la collection Walferdin; et du même auteur ses dessins légèrement tracés pour les* Veillées du Château, *œuvre de Mme de Genlis.*

Je finis en signalant aux amateurs deux morceaux importants. Le premier est l'étude du Zéphir *par Prudhon, vaporeuse et charmante conception: elle a été achetée à la vente de M. de Boisfremont, chez qui Prudhon s'est éteint, dégoûté de la vie, après le suicide de Mlle Mayer. Le second morceau est bien tentant : il a nom* les Amateurs de dessins. *On voudra examiner cette sépia traitée d'une façon si amusante par Meissonier, quand il était dans toute la fleur de son beau talent.*

Assurément les compositions, que je viens de passer

en revue, décèlent chez leur propriétaire une grande habitude du dessin, un goût particulier de l'École française. Il n'a recherché ni un genre, ni la série; il n'a suivi ni la foule, ni la mode. Il s'est contenté des œuvres qu'il rencontrait sur sa route, à la condition qu'elles fussent d'une belle facture et d'une sincérité absolue ; aussi les acquéreurs pourront se vanter d'avoir des dessins authentiques, et c'est ce que l'on trouve rarement aujourd'hui sur les quais et même rue Drouot.

Et maintenant il ne me reste qu'à dire adieu à ces gracieux dessins que j'ai maniés, admirés, convoités tant de fois. Après avoir fait pendant de longues années les délices d'un aimable possesseur, ils iront enrichir d'autres cabinets et charmer d'autres amateurs.

Ainsi tout passe, tout change ; mais remarquez pourtant que, sauf les personnages, la pièce est toujours la même. C'est la moralité de notre comédie.

EUGÈNE PAILLET.

DÉSIGNATION

ÉCOLES ANCIENNES

ITALIENNE, FLAMANDE ET HOLLANDAISE

CARRACHE

(École des)

1 — *Scène mythologique animée de Tritons.*

A la plume et au lavis.

COOPSE

2 — *Plage sur la Mer du Nord.*

A la plume et au lavis.
Signé : *P. Coopse fec.*

CORTONA

(PIETRO di)

3 — *Motif de l'arrière-train d'un carrosse de gala, représenté par la figure allégorique de l'Espagne.*

Bon dessin, à la plume et au lavis.

Au dos : *Caroza fata del anno 1673 per il Sig° Ambasciator di Spangnia.*

CORTONA

(PIETRO di)

4 — *Autre motif de carrosse de gala, représenté par trois femmes nues tenant des fleurs de Lis.*

A la plume et à l'encre de Chine.

Au bas : *Fatta al G. Duca d'Étré, ambasciator di Francia, l'anno 1672.*

CRISPIN DE PAS

5 — *Tireur à l'Arc.*

A l'encre de Chine.

Signé : *Crispin*, 1575

DANIEL DE VOLTERRE

(D'après MICHEL-ANGE)

6 — *Figure nue du* Jugement Dernier.

Au crayon.

Marques de collections M. N et R.

FLAMAND

(A. FRANÇOIS)

7 — *Études d'Enfants nus.*

Aux crayons noir et rouge.

GHEZZI

8 — *Jeune seigneur saluant.*

A la sépia.

GOLTZIUS

9 — *Atlas soutenant la Sphère.*

A la plume et au lavis.

Bon dessin du xvie siècle, portant au bas les armes de France et d'Angleterre.

GOLTZIUS

10 — *Les Signes du Zodiaque, représentés par Saturne, Jupiter, Mars, Apollon, Vénus, Mercure et Diane.*

Sept dessins, à la plume et à l'aquarelle.

Ces jolis dessins ont été gravés par Goltzius lui-même.

xvie siècle.

HANS BALDUNG

11 — *Figure de la Vierge et Figure d'Ève tenant un crâne.*

Dessin à la plume, rehaussé de blanc, sur papier rouge.

Ecole allemande du XVIe siècle.

LELIO ORSI

12 — *Enfants jouant avec des animaux fantastiques.*

A la plume et au bistre.

MOCETTO

(Attribué à)

13 — *Anges faisant de la Musique.*

Au crayon blanc, sur papier brun.

MOUCHERON

14 — *Paysage avec cours d'eau.*

A la plume.

Signé : *F. Moucheron fecit.* — De la vente Forest.

PERINO DEL VAGA

15 — *Ensevelissement du Christ, dans un cartouche ornementé.*

A la plume et au lavis.

RAPHAEL

(D'après)

16 — *Étude de la Tête de la Vierge dans le Tableau de la* Madona del Pesce, *à Naples.*

Aux crayons de couleur.

RAPHAEL

(Attribué à)

17 — *Étude pour une figure de Vierge.*

A la plume.

REMBRANDT

(École de)

18 — *Le Jeune David expliquant les Songes devant le Roi Saül.*

Bon dessin, à la plume et au bistre.

RUBENS

(D'après MICHEL-ANGE)

19 — *Les Damnés, fragment du* Jugement dernier.

Au crayon noir.

SOLIMÈNE

20. — *Scènes de carnage.*

Deux dessins, à la plume et à l'encre de Chine.

TIEPOLO

21 — *Polichinelles napolitains. — Soldats. — Bacchanale.*

Quatre dessins, à la plume et au bistre et au crayon rouge.

VAN DYCK

(D'après)

22 — *Christ en croix.*

Au crayon rouge.

VAN DER HELST

23 — *Étude de seigneur coiffé d'un chapeau à plume.*

Au crayon rouge.

VAN BLOMME

24 — *Le Maréchal-Ferrant.*

A l'encre de Chine.
Signé : *P. Van Blomme.*

VAN OS

25 — *Deux études de Vaches, sur une même feuille.*

Au crayon noir.
Signé : *P. G. Van os fecit.*

VAN VIANEN

26 — *Mercure et Argus.*

A la plume et au bistre.

VOS

(DE)

27 — *Cheval, Chèvres et Enfant.*

A la plume, sur vélin.
Signé en calligraphie : *De Vos fecit.*

WICKENBOOM

28 — *Scène d'Hiver, seigneur et paysans.*

A la plume.
Signé : *E. W. F. A° 1632.*

WITTE
(DE)

29 — *Amour assis.*

Au crayon noir, sur papier gris.

ZUCCARO
(FEDERICO)

30 — *Martyre d'un Saint.*

A la plume et au lavis.
Signé.

ÉCOLE ALLEMANDE

31 — *Vase orné.*

A la plume et au lavis.

ÉCOLE ITALIENNE

32 — *Flambeaux d'église.*

A la plume et au bistre.
Six dessins sur 2 feuilles.

ÉCOLE ITALIENNE

33 — *Reliquaire du Sang de saint Janvier, de Naples.*

A la plume et au lavis.

ÉCOLE FRANÇAISE

BERAIN

34 — *Modèle d'Encrier de style Louis XIV.*

Beau dessin d'ornement, à la plume et au lavis.

BERNARD PICART

35 — *Le Christ conduit hors du Prétoire.*

Beau dessin, à l'encre de Chine, pour la *Bible* parue à Amsterdam en 1720.

Signé : *B. Picart f. 1714.*

BOLOMEY

36 — *Portrait du* Marquis de Brunoy.

Au crayon et à l'aquarelle.
Signé : *Bolomey del. 1782.*

BOREL

(ANTOINE)

37 — *Dessins pour les* Comédies de Destouches :

Le Tambour nocturne, la Fausse Agnès (deux dessins). Le Glorieux, L'Archi-Menteur, le Mari confident.

Six très jolis dessins, à l'encre de Chine.

Signés : *A. Borel inv del.* Ils n'ont pas été gravés.

BOREL

(ANTOINE)

38 — *L'Aumône.*

A l'aquarelle.
Signé : *A. Borel 1793.*

BOREL

(Attribué à)

39 — *Vénus sur son char avec l'Amour.*

A l'aquarelle.

BOSIO

40 — *Le Suprême Bon Ton.*

A l'encre de Chine.
A été gravé.

BOUCHER

(FRANÇOIS)

41 — *Étude d'homme nu, à demi couché, le bras droit pendant.*

Superbe dessin, aux trois crayons, sur papier de couleur, d'une fermeté d'exécution remarquable.

Haut., 35 cent.; larg., 45 cent.

BOUCHER

(FRANÇOIS)

42 — *L'Enlèvement d'Europe.*

La jeune nymphe est assise sur le taureau que retiennent deux petits amours ; elle est entourée de trois de ses compagnes. Au dessus, plâne l'aigle de Jupiter.

Très beau dessin, au crayon noir rehaussé de blanc.

Il a été gravé par Aug. de Saint-Aubin, dans les *Métamorphoses d'Ovide* de 1767.

Il provient des collections Renouard, Cte Thibaudeau et Lion.

Cadre en bois sculpté.

Haut., 30 cent. ; larg., 20 cent.

BOUCHER

(FRANÇOIS)

43 — *Jeune Fille couchée jouant avec des colombes.*

Aux crayons de couleur et au pastel, sur papier bleu.

Délicieux dessin du maître, aux colorations argentines et délicates. Il a du être exécuté pour l'amateur de dessins *Varanchan*, qui a mis sa signature au dos et dont la vente eut lieu en 1777.

Haut., 29 cent. larg., 44 cent.

BOUCHER

(FRANÇOIS)

44 — *Les Fiançailles.*

A la plume et à l'encre de Chine.

BOUCHER

45 — *Etude de Jeune Femme vue de dos.*

A la plume et au lavis.

BOUCHER

(Attribué à F.)

46 — *Intérieur villageois.*

Au crayon rouge.

CASSAS

47 — *Soldat Albanais.*

A l'aquarelle.

CASSAS

48 — *Cardinal traversant une place publique, à Rome.*

Aquarelle non terminée.

CHALLE

49 — La Servante justifiée.

Dessin, au crayon noir, pour les *Contes de La Fontaine.*

CHATELET

50 — *Vues de Sicile.*

Deux dessins au bistre.

L'un d'eux daté au dos du *10 novembre 1786.*

CHOFFARD

(PIERRE-PHILIPPE)

51 — *Encadrement composé d'Amours et de Fleurs.*

Joli dessin, à l'encre de Chine.

CLÉRISSEAU

52 — *Le Pont de Saint-Sixte, à Rome.*

A l'aquarelle.

CLÉRISSEAU

53 — *Ruines romaines.*

A l'aquarelle.

COCHIN

(CHARLES-NICOLAS)

54 — 24 *Dessins allégoriques de l'Histoire de France.*

Ces beaux dessins à la mine de plomb, montés par Glomy dont ils portent la marque, sont presque tous signés *C. N. Cochin del.* et datés de 1765 à 1773.

Ils ont été gravés par Prévost, Aliamet et Rousseau, pour être placés dans l'*Abrégé de l'Histoire de France* du président Hénault. Cochin parle beaucoup de ces dessins dans sa correspondance. Par la savante complication de leur composition, et leurs nombreuses et expressives figures, ils sont parmi les plus beaux qu'il ait exécutés.

Les sujets commencent à Pépin et Charlemagne pour finir à Charles VIII.

COCHIN

(CHARLES-NICOLAS)

55 — Le Dessin. — La Composition.

Deux croquis de Cochin pour *la Peinture*, poème de Lemierre.

Ces compositions ont été gravées.

55 *bis* — *Apollon et les Muses.*

Croquis au crayon, pour un panneau décoratif.

COCHIN

(CHARLES-NICOLAS)

56 — *Portrait de Jeune Femme à coiffure élevée surmontée d'un chapeau.*

Au crayon noir.

Signé : *C. N. Cochin delin. 1776.*

COCHIN

(CHARLES-NICOLAS)

57 — *Portrait de femme aux cheveux relevés et coiffée d'un bonnet à rubans.*

Portrait très fin, à la mine de plomb rehaussée de sanguine.

Signé : *C. N. Cochin delin. 1778.*

COCHIN

(CHARLES-NICOLAS)

58 — *Médaillon soutenu par des Amours, dessin de l'entourage d'un portrait.*

Au crayon rouge.

Joli dessin, signé et daté : *C. N. Cochin del 1776.*

COCHIN

(CHARLES-NICOLAS)

59 — *Portrait présumé du président Hénault.*

Très joli dessin, à la mine de plomb.
Au bas : *Dessiné par C. N. Cochin en 1778.*

COCHIN

(CHARLES-NICOLAS)

60 — *Le Semeur.*

Au crayon rouge.
Belle composition allégorique, gravée dans un *Office de la Chapelle du Château de Versailles.*

COCHIN

(CHARLES-NICOLAS)

61 — *Héraut d'Armes.*

Au crayon rouge.

COCKLEER

62 — *Jeune Femme occupée à coudre.*

Joli dessin, à la gouache.

On lit au dos : *Etude de Cockleer de Leyden, d'après nature, 1781.*

COYPEL
(ANTOINE)

63 — *Persée s'apprêtant à couper la Tête de Méduse.*

Au crayon noir, rehaussé de blanc.

DAGNAN
(P.-A.-J.)

64 — *Jeune Femme en costume Louis XV, la tête dans ses mains.*

Au crayon noir, rehaussé de blanc, sur papier bleu.

Étude pour une illustration de *Manon Lescaut*, signée à gauche.

Haut., 27 cent.; larg., 19 cent.

DANLOUX

65 — *Tête de Jeune fille, les cheveux relevés.*

Joli dessin, aux crayons de couleur.

DAUZATS

(ADRIEN)

66 — *La Tour de l'Or, au bord du Tage, à Séville.*

A l'aquarelle.
Signé : *Sévilla, Torre del oro, mai 1836. A. D.*

DAVID

(LOUIS)

67 — *Six Têtes d'Expression.*

A la plume, dans un même cadre.
Signé : *L. David f.*

DAVID
(LOUIS)

68 — *Conciliabule de Girondins.*

DEBUCOURT
(Attribué à)

69 — *Trois Jeunes Femmes devisent dans la Campagne.*

A la plume et au lavis.

DELACROIX
(EUGÈNE)

70 — *Damnés et Démons, scène de l'*Enfer *du Dante.*

A l'aquarelle.
Marque *E. D.* de la vente après décès de l'artiste.

DELACROIX

(EUGÈNE)

71 — *Le Fermier, dans Redgauntlet poursuivi par le Diable.*

A la sépia.

De la vente d'Eugène Delacroix.

DELAULNE

(ÉTIENNE)

72 — *Quatre Sujets des* Métamorphoses d'Ovide, *pour le pourtour d'un émail.*

Dessins très finis, à la plume et au bistre, rehaussés d'or.

XVIe siècle.

DE SÈVE

73 — *En-tête pour l'*Histoire Naturelle *de Buffon.*

A la plume et au bistre.

Signé : *Desève 1785.*

DESRAIS

(CLAUDE-LOUIS)

74 — Le Trésor et les Deux Hommes. — Rien de Trop. — Jupiter et le Passager.

Trois dessins, à la plume et à la sépia, pour les *Fables de La Fontaine.*

Signés : *C. L. Desrais 1773.*

DESRAIS

75 — *Sganarelle*

A la plume et à l'encre de Chine.

DU CERCEAU

(École de)

76 — *Dessin pour une table, au pied orné de Chimères.*

Joli dessin, à la plume et au bistre.

XVIe siècle.

DUCLOS

(ANTOINE-JEAN)

77 — *Scène de Comédie représentant un homme assis morigéné par deux femmes.*

Joli dessin, à l'encre de Chine.

DUGOURC

(J.-D.)

78 — *L'*Amour Triomphant.

Des nonnes consacrent des enfants sous l'inspiration de Mercure et de l'Amour.

Dessin à l'aquarelle.

Signé : *J. D. Dugourc, 1778.*

Il a été gravé en couleur.

DUNKER

(BALTHAZAR)

79 — *Jeunes Femmes au bain.*

A l'encre de Chine.

Signé : *B. A. Dunker fec. 1769.*

DUPLESSIS-BERTAUX

(JOSEPH)

80 — *Bataille de la Campagne d'Italie.*

Eau-forte retouchée et complétée à la sépia par Swebach ou Duplessis-Bertaux.

DURAMEAU

81 — *Un peintre examinant son tableau dans son atelier, en compagnie de ses élèves.*

Joli dessin, à la sépia gouachée.

DURAND

82 — *Six dessins de vignettes pour le* Nouvel Aristénète *de Félix Nogaret.*

A la plume et au lavis.

Dessinés par Durand, peintre de Mgr le duc d'Orléans, 1781.

EISEN

(CHARLES)

83 — *Martyre et mort d'une Sainte.*

Trois dessins, à la plume et à l'encre de Chine
Ces dessins ont été gravés.

EISEN

(CHARLES)

84 — *Combat.*

Dessin, à la mine de plomb, pour un en-tête de livre.

Signé : *Eisen* d^{t}.

FALBE

85 — *Jeune couple gravissant une terrasse de style rocaille.*

A la plume et au lavis.
Signé : *Falbe fecit.*

FORTY

86 — *Dessin de Ciboire.*

Beau dessin, à l'encre de Chine, très finement exécuté.

Il a été gravé.

FRAGONARD

(HONORÉ)

87 — Le Temps orageux.

Première pensée du tableau du maître connu sous le titre ci-dessus.

Charmant dessin, *à l'aquarelle*, d'une exécution facile et légère. Vente Walferdin.

Haut., 25 cent.; larg., 38 cent.

FRAGONARD

(HONORÉ)

88 — *Maisons rustiques au bord d'une mare, dominées par les tours d'un vieux château.*

Au premier plan, quelques villageois montés dans un bateau.

Beau dessin, à la sépia.

Haut., 35 cent.; larg., 48 cent.

FRAGONARD

(HONORÉ)

89 — *Tête d'Homme, avec barbe et cheveux frisés, qui paraît être une étude d'après un pêcheur italien.*

Dessin très énergique, à la sépia.

Daté : *Rome, 1774.*

Haut., 31 cent.; larg., 24 cent.

FRAGONARD

(HONORÉ)

90 — *Les Veillées du Château.*

Huit dessins, à l'estompe et au crayon noir, pour *les Veillées du Château*, de Madame de Genlis.

Ils ont été gravés par Courtry, Lalauze, Le Rat et De Mare.

Vente Walferdin.

Chacun de ces dessins mesure :

Haut., 16 cent. ; larg., 21 cent.

FRAGONARD

(HONORÉ)

91 — *Nymphe jouant avec des Satyres.*

Dessin à la plume et à la sépia, qui paraît être une suite des pièces gravées par Fragonard et connues sous le nom de *Jeux de Satyres*.

De la collection Walferdin.

Haut., 15 cent. ; larg., 17 cent.

FRAGONARD

(HONORÉ)

92 — *Portrait d'Homme assis.*

A la pierre d'Italie.
De la vente Walferdin.

Haut., 33 cent.; larg., 26 cent.

FRAGONARD

(HONORÉ)

93 — *Scène de* Roland Furieux.

Au crayon lavé de bistre.
De la vente Mahérault.

Haut., 38 cent.; larg., 25 cent.

FRAGONARD

(HONORÉ)

94 — *Roland Furieux.*

Quatre croquis, au crayon et au lavis, sur des scènes du poème de l'Arioste.

FRAGONARD

(HONORÉ)

95 — *Terrasse, à Fontainebleau.*

Au bistre.

FRAGONARD

(HONORÉ)

96 — *En pèlerinage.*

Aquarelle très légèrement exécutée.
Signée : *Frago.*

FRAGONARD

(HONORÉ)

97 — *Scène villageoise, dans une ferme.*

Croquis au crayon noir.

FRAGONARD

(Attribué à)

98 — *Projet de monument à la Gloire de Raphaël.*

A la plume et à l'aquarelle.

FREUDEBERGER

(SIGISMOND)

99 — *Scène villageoise suisse.*

Un jeune homme lutine une jeune Bernoise, pendant qu'un enfant joue avec un chien.
A l'aquarelle.
Signé : *S. F. fec.*

GARAND

100 — *Étude de Jeune Femme assise.*

A la mine de plomb.
Signé : *P. G. delin. 1780.*

GÉRARD

(FRANÇOIS)

101 — Incipe Damœta, tu deindè sequêre Menalca.

Ce dessin, à la plume et au lavis, a été gravé par Copia dans le *Virgile* de Didot (1801).

GÉRARD

(FRANÇOIS)

102 — *Le Bel Alexis des* Géorgiques.

Aquarelle gouachée, gravée dans le *Virgile* de Didot, par Marais.

GOYA

(FRANCISCO)

103 — Se Répulén.

Très curieux dessin, à l'aquarelle.
Signé : *Goya*.

GRANDVILLE

104 — *Mayeux:* J'vous dis qu'tout le Monde s'en mêle, nom de D...! on prostitue le Chapeau du grand homme!

A la plume.
Signé : *J. G. Grandville.*
Ce dessin a été gravé dans *Les Mésaventures de M. Mayeux.*

GRAVELOT

(HUBERT-BOURGUIGNON dit)

105 — *Divers personnages, Seigneur, Homme du peuple, Modèle, Bourgeoise.*

Joli dessin, à la plume.
Des ventes Andreossi et Mahérault.

GRAVELOT

(HUBERT-BOURGUIGNON, dit)

106 — *Jeunes Gens assis buvant avec un Vieux savant.*

Joli dessin à la plume et à l'encre de Chine. Gravé par Lalauze.

GRAVELOT

(HUBERT-BOURGUIGNON, dit)

107 — *Promeneurs dans l'Abbaye de Westminster.*

A la plume et à l'encre de Chine.

GRAVELOT

(HUBERT-BOURGUIGNON, dit)

108 — *Moïse découvrant les Tables de la Loi.*

A la plume et au bistre.
Signé : *H. Gravelot inv.*

GRAVELOT
(HUBERT-BOURGUIGNON, dit)

109 — *Jeune Dessinateur devant son Modèle.*

A la sépia.

GRAVELOT
(HUBERT-BOURGUIGNON, dit)

110 — *Robinson et Vendredi.*

Joli dessin, à la plume et à la sépia.
Signé : *H. Gravelot inv.*

GRAVELOT
(HUBERT-BOURGUIGNON, dit)

111 — *La Décapitation. — La Peste.*

Deux croquis, à la plume, pour une *Histoire d'Angleterre.*

GREUZE

(JEAN-BAPTISTE)

112 — *Étude du groupe du Vieillard et de l'Enfant pour* la Malédiction Paternelle ?

A l'encre de Chine.

GREUZE

(J.-B.)

113 — *Jeune Villageoise rêvant.*

Charmant dessin au lavis.
On croit lire la signature de Greuze, au bas.
Cadre en bois sculpté.

GREUZE

(J.-B.)

114 — *Les Trois Ages de la Vie.*

A la plume et au lavis.

GREUZE

(J.-B.)

115 — *Groupes d'Amours.*

A la plume et au lavis.

GREUZE

(J.-B.)

116 — *La Grand'Mère.*

A l'encre de Chine.
De la vente Laperlier.

GREUZE

(J.-B.)

117 — *Étude d'Enfant nu.*

Au crayon rouge.

HILAIR

(JEAN-BAPTISTE)

118 — *Rives du Bosphore.*

A l'aquarelle.

Ce dessin a été gravé dans le *Voyage pittoresque de la Grèce.*

HILAIR

(J.-B.)

119 — *Danse d'Arnautes.*

Au crayon et à l'encre de chine.

Gravé dans le *Voyage pittoresque de la Grèce*, du comte de Choiseul-Gouffier.

HOUEL

(JEAN)

120 — *Halte de Voyageurs. — Le Rafraîchissement du Voyageur.*

Deux dessins, à la plume et à l'encre de Chine, rehaussés d'aquarelle.

Signés : *J. Houël fecit.*

HUET

(JEAN-BAPTISTE)

121 — *Les Offres séduisantes.*

Très jolie peinture sur cuivre.
Signée : *J. B. Huet, 1786.*
Elle a été gravée par Chaponnier.

Haut., 26 cent.; larg., 22 cent.

HUET

(JEAN-BAPTISTE)

122 — *La Camériste indiscrète.*

A l'aquarelle.
Signé : *Huet, 1793.*
Encadré.

HUET

(J.-B.)

123 — *Ane au repos.*

Au crayon rouge.

INGOUF

(FRANÇOIS-ROBERT)

124 — *Portrait de* Geneviève de Brunyer, *veuve du sieur Brisset.*

Au crayon noir.
Signé : *François Robert Ingouf del. l'année 1770.*

LAGNEAU

125 — *Portrait de Vieille Femme à lunettes, comptant ses écus.*

Aux crayons de couleur.
De la vente Clément.

LAGRENÉE

126 — *Jeune Fille cherchant à arracher une flèche des mains de l'Amour.*

A la plume et au bistre.

LALLEMANT

(JEAN-BAPTISTE)

127 — *La Place du Panthéon, à Rome, animée de nombreuses Figures.*

Au lavis d'encre de Chine.

LALLEMANT

(J.-B.)

128 — Vue de l'Haï dessignée de dedans la Maison haute de Mgr le Prince d'Arcourt du costé de Cachant.

A l'encre de Chine.

LALLEMANT

(J.-B.)

129 — *Fontaine antique, dans un paysage.*

A la plume et à la sépia.
Ce dessin a été gravé.

LANCRET

(NICOLAS)

130 — *Étude de deux Jeunes Femmes, l'une debout, l'autre assise.*

Au crayon rouge.
De la vente du Mis de Castelbajac.
Gravé par Lalauze.

LANCRET

(N.)

131 — *Le Joueur de contrebasse.*

Au crayon rouge.
La tête à peine indiquée.

LARGILLIÈRE

(NIC. DE)

132 — *Dame assise auprès de sa Fille et de son Fils.*

Au crayon noir, rehaussé de blanc.
Cadre en bois sculpté.

LA TOUR

(QUENTIN de)

133 — *Jeune Femme tenant une lettre.*

Au pastel.

LAVALLÉE-POUSSIN

(ÉTIENNE)

134 — *Le Roi David écrivant les Psaumes.*

A la plume et au bistre.

Signé : *De Lavallée-Poussin in. Romæ 1763.*

LE BARBIER

135 — *Ange montrant la Croix au peuple.*

Dessin au lavis de bistre.

Signé : *Le Barbier l'aîné in. 1782.*

LE BARBIER

136 — *La Mort d'Abraham, entouré de ses Enfants.*

Joli dessin, à la plume et au bistre.
Signé : *Le Barbier l'aîné.*
Il a été gravé par Lalauze.

LE BOUTEUX

(PIERRE)

137 — *Frontispice pour le Tome II des* Chansons de la Borde.

A la plume.

Dans la gravure le profil de Marie-Antoinette a été substitué à celui de Benjamin de La Borde.

LE BRUN

138 — *Génie couronnant un écusson portant les Armes de Colbert.*

A la plume et au bistre.

LÉLU

(PIERRE)

139 — *Fontaine formée par des figures de Femmes.*

A la plume et au bistre.
Signé : *P. Lélu, 1762.*
Lélu était un élève de Boucher.

LÉLU

(PIERRE)

139 *bis* — *Le Dieu Pan.*

A l'encre de Chine.
Signé : *P. Lélu 1761.*

LÉLU

(PIERRE)

140 — *Le Repos de la Bergère.*

A l'encre de Chine.
Signé : *P. Lélu.*

LÉLU

(PIERRE)

141 — *Danse de jeunes Bergers.*

A la plume.

LÉLU

(PIERRE)

142 — *L'Ange et l'Enfant. — Bergère.*

Deux dessins, à la sépia et à la sanguine.

LÉPICIÉ

(NICOLAS-BERNARD)

143 — *Femme coupant du pain. — Vieille Femme assise.*

Deux dessins, montés sur une même feuille, au crayon noir et au crayon rouge.

LÉPICIÉ

(N.-B.)

144 — *Jeune Fille assise, de profil, dévidant un écheveau de soie.*

Joli dessin, à la mine de plomb.

LÉPICIÉ

(N.-B.)

145 — *Jeune Garçon jouant aux cartes.*

Contre-épreuve retouchée au lavis.
Ce dessin a été gravé par Lalauze.

LOUTHERBOURG

(JACQUES-PHILIPPE DE)

146 — *L'Ane chargé de reliques.*

Au crayon et au lavis.

LOUTHERBOURG

(J.-PH. DE)

147 — *Le Gué.*

Au bistre.

MARÉCHAL

148 — *Vue d'une Barrière de Paris.*

Dessin, à la plume et au bistre, animé de personnages.

Signé : *Maréchal*, 1777.

MARILLIER

(PIERRE-CLÉMENT)

149 — *Les Perdrix dans les Blés.*

Charmant dessin de forme ovale, à la plume et à la sépia.

MARILLIER

(PIERRE-CLÉMENT)

150 — *Entourage du portrait de* Poullain de Saint-Foix, *avec Amour, Colombes, Vaisseau et attributs divers.*

Dessin très fin, à la plume et à la sépia.

Il a été gravé par Le Mire pour *l'Essai sur la Ville de Paris*, du même auteur.

De la vente Philippe de Saint-Albin.

Haut., 14 cent.; larg., 9 cent.

MARILLIER

(PIERRE-CLÉMENT)

151 — *Groupe de deux femmes nues.*

A la sanguine.

MEISSONIER

152 — *Les Amateurs de Dessins.*

Très joli dessin du maître, exécuté à la sépia, première pensée du tableau bien connu.

Il a été gravé par Jules Jacquemart.

Ce dessin a été fait au verso d'un fragment de lettre sur lequel on peut lire : *Maison du Roi. Direction des Musées Royaux.*

Paris, ce 10 juin 1840.

M. de Cailleux prie monsieur Meissonier de vouloir bien se trouver mardi prochain, 16 juin, à 9 heures du matin, chez M. l'Intendant général de la liste civile, place Vendôme, nº 9, pour recevoir la Médaille d'or qui lui a été accordée à la suite..... »

Haut., 11 cent.; larg., 10 cent.

MEYER

(H.)

153 — *Chaumière sous les Châtaigniers.*

A l'aquarelle.

Signé : *H^k Meyer in. f. 1790.*

MICHALON

154 — *Villa Belvedere, à Frascati.*

Au crayon noir.

MOREAU LE JEUNE

(JEAN-MICHEL)

155 — *La Danse des Grâces. — La fin d'une Bacchanale.*

Deux très beaux dessins de forme ronde, à la plume et au bistre.

Il sont signés : *J. M. Moreau le jeune, 1767.*

MOREAU LE JEUNE

(J.-M.)

156 — *Projet de monument, en l'honneur du duc d'Orléans.*

Un génie inscrit le mot *Immortalitati* sur le socle d'une colonne surmontée du buste du Prince.

Beau dessin à l'aquarelle et à la sépia, signé et daté: *J. M. Moreau le jeune, de l'Academie Royalle de peinture et sculpture, 1782.*

Encadré.

De la vente Mahérault.

Haut., 30 cent.; larg., 23 cent.

MOREAU LE JEUNE

(J.-M.)

157 — *Adam et Ève dans le Paradis terrestre.*

A la plume.
Signé : *J. M. Moreau le jeune 1790.*
De la vente Mahérault.

MOREAU LE JEUNE

(J.-M.)

158 — *Pavillon chinois, des jardins de la Folie Beaujon.*

A la sépia.
Signé : *J. M. Moreau le jeune.*
De la collection Gautier, de Nantes.

Haut., 11 cent.; larg., 20 cent.

MOREAU LE JEUNE

(J.-M.)

159 — *Le Temple du Parc Monceau.*

A la sépia.
Signé : *Moreau, 1787.*

MOREAU LE JEUNE

(J.-M.)

160 — *Statues dans des Ruines.*

A la plume et au bistre.
Signé sur un socle : *Moreau, 1760.*

NICOLLE

161 — *Ruines.*

A l'aquarelle.
Signé : *V. J. Nicolle.*

NORBLIN DE LA GOURDAINE

162 — *Sforza fixant, dans un arbre, le soc de sa charrue.*

A l'encre de Chine et à la sépia.

NORBLIN DE LA GOURDAINE

163 — *Porte-Etendard, à cheval.*

Au crayon et lavis.

OZANNE

164 — *L'Escadre sort de la Baye de Rhode-Island et poursuit celle du lord Howe, qui fuit à toutes voiles.*

A l'encre de Chine.

PARROCEL

(CHARLES)

165 — *Le Combat. — Le Campement.*

Deux dessins, à la plume et à la sépia.

PERCIER

(CHARLES)

166 — *Étude pour un Char triomphal.*

A la plume et au lavis.

PRUDHON

(PIERRE-PAUL)

167 — Le Zéphir.

Très beau dessin du maître.

Au crayon noir, rehaussé de blanc, sur papier bleu.

Il provient de la vente du peintre de Boisfrémont, chez lequel, comme on le sait, Prudhon est mort et à qui il légua ses cartons.

Haut., 38 cent.; larg., 23 cent.

PRUDHON

(P.-P.)

168 — *L'Oracle.*

Fuis Riamir, l'ennemi des Dieux. Avant trois jours choisis ton époux, et je te rends à Brama.

Dessin, au crayon noir sur papier bleu, pour *la Tribu indienne*, roman de Lucien Bonaparte.

De la vente Mahérault.

PUJOS

(ANTOINE)

169 — *Portrait du* Cardinal Prince de Rohan, *archevêque de Strasbourg.*

Beau dessin au crayon, dans un magnifique encadrement à l'encre de Chine, que l'on peut attribuer à Choffard.

Signé : *A. Pujos délin. ad vivum an. 1785.*

PUJOS

(ANTOINE)

170 — Portrait de Delisle de Sales.

Au crayon noir :

Dessin d'après nature, par son ami Pujos, en 1778.

Ce dessin a été gravé.

QUÉVERDO

171 — *Scène de Zaïre ?*

Dessin de vignette, très finement exécuté, à la mine de plomb.

Signé : *J. M. Queverdo inv. 1772.*

REGNAULT

(HENRI)

172 — *Chevaux et Tête de Chien.*

A la mine de plomb.

RITTER

173 — *Monuments Egyptiens.*

A l'encre de chine.
Signé : *Ritter inven. et delin.*

ROBERT

(HUBERT)

174 — *Arc de Triomphe, bas-reliefs et personnages.*

A la plume et au lavis.

ROBERT

(HUBERT)

175 — *Portique. — Porte monumentale, avec statues et personnages.*

Deux beaux dessins se faisant pendant, à la plume et au lavis, teintés d'aquarelle.

ROBERT

(HUBERT)

176 — *Arsenal à Civita-Vecchia. — Stalla du Pape Jules II.*

Deux dessins, à la plume et au lavis. L'un d'eux signé *H. R.* et daté du 11 *janvier* 1760.

ROPS

(FÉLICIEN)

177 — L'Ariette, *groupe de Trois Personnages faisant de la musique.*

Dessin au crayon noir.

Signé *F. R. 1870.*

Ce dessin a été gravé par Rops lui-même sous le nom de l'*Ariette.*

SAINT-AUBIN

(AUGUSTIN DE)

178 — *Jeune Femme, de profil, à la Coiffure très élevée.*

Charmant dessin, à la mine de plomb.

SAINT-AUBIN

(AUGUSTIN DE)

179 — *Recueil de portraits-médaillons, à la mine de plomb, en 1 vol. in-12 cuir de Russie.*

Ces petits portraits, très finement dessinés, furent réunis par le bibliophile Renouard, dont ils portent l'ex-libris. Ils sont au nombre de 45 et ont presque tous été gravés. On remarque les profils de Voltaire, J. J. Rousseau, Turgot, La Condamine, Helvétius, Clairaut, Gueneau de Montbéliard, de Brosses, Marmontel, Daubenton, Vicq d'Azir, de Prony, Parmentier, Lalande, Guyton-Morveau, Bailly, Dante, César, Virgile, etc...

Les portraits de Voltaire, Fréron et La Beaumelle ont été gravés par Saint-Aubin dans le frontispice du *Commentaire sur la Henriade*, de la Beaumelle.

SAINT-AUBIN

(AUGUSTIN DE)

180 — *Portrait présumé de Madame Roland.*

Aux crayons de couleur.

SAINT-AUBIN

(GABRIEL DE)

181 — *Marie-Antoinette et Louis XVI, couronnés par l'Amour.*

Important dessin du maître, à la plume et à l'aquarelle, rehaussé de crayons de couleur.

On lit au bas, de la main de Saint-Aubin : *Le duc d'Angoulême, né le 6 août 1775, madame Clotilde, sœur du roi, mariée la même année.*

Ce dessin provient de la vente du marquis de Castelbajac.

Haut., 17 cent.; Larg., 23 cent.

SAINT-AUBIN

(GABRIEL DE)

182 — Jeune Homme couché *aux pieds d'une Femme dont on aperçoit la silhouette.*

Dessin au crayon noir, portant la date de 1757.

SAINT-AUBIN

(GABRIEL DE)

183 — *Frontispice d'un cahier de musique dédié à* Madame la Marquise de Villeroi.

A la mine de plomb.
Signé *Gabriel de Saint-Aubin delineavit.*

SAINT-AUBIN

(GABRIEL DE)

184 — *Jeune Fille dessinant d'après la bosse.*

Au crayon brun, sur du papier à musique.

SAINT-AUBIN

(GABRIEL DE)

185 — La France nourrit le Génie des Beaux-Arts, sous le règne de Louis le Bien-Aimé et les auspices de M. le Mis de Marigny.

Joli dessin au lavis, de forme ronde, signé: *G. D. S. A. inv. 1760.*

SAINT-AUBIN

(GABRIEL DE)

186 — *Jeune Princesse regardant un buste, pendant que des jeunes gens déroulent un plan.*

Joli dessin, à la plume et à l'encre de Chine. Signé et daté : *G. de St A. 1772.*

SAINT-AUBIN

(GABRIEL DE)

187 — Narcisse dans l'Ile de Vénus *(dessin pour), poème de Malfilâtre.*

Dessin de vignette, à la mine de plomb. Signé : *Gabriel de Saint-Aubin f.*

SAINT-AUBIN

(GABRIEL DE)

188 — *Femmes implorant les Dieux.*

A l'encre de Chine.

SALEMBIER

189 — *Intérieur de Salon de style Louis XVI.*

A la plume et à l'aquarelle.

SALY

190 — *Vases de diverses formes.*

A la plume et au bistre.

SARAZIN

191 — *Pont rustique et fabriques sur un cours d'eau.*

A la plume et à la sépia.

Signé en haut : *Sarazin 1767.*

SCHENAU

192 — L'Esclavage affranchy.

Beau dessin à l'aquarelle.
Signé en haut : *Schenau inv. 1771.*

SILVESTRE

(ISRAEL)

193 — *Vue de Sainte-Marie-Majeure, à Rome.*

Dessin très fin, à la plume, sur vélin.

SUBLEYRAS

194 — *Artisans, deux Etudes sur une même feuille.*

A l'encre de Chine.

VERNET

(JOSEPH)

195 — *Groupe de Marins pour l'un des tableaux des* Ports de France.

A l'encre de Chine.

VIEN

196 — *Vestales assistant à un sacrifice.*

A la plume et au bistre.

De la vente J. D...

VIGÉE

197 — *Enfants et porteurs d'eau.*

Au crayon et à l'aquarelle.

WAGNER

(S.)

198 — *Don Quichotte se faisant désarmer par les princesses d'une guinguette.*

A l'aquarelle.
Signé : *S. Wagner 1786.*

WATTEAU

(ANTOINE)

199 — *Jeune Femme, de face, les mains croisées.*

Charmant dessin, au crayon noir et à la sanguine.

WATTEAU

200 — *Jeune Homme enveloppé dans son manteau.*

Au crayon rouge.

WEIROTTER

201 — *Cabane ombragée d'arbres. — Rochers dans les bois.*

Deux paysages, sur une même feuille, à l'encre de Chine.

ÉCOLE FRANÇAISE

202 — *Source avec figures allégoriques.*

A la pierre d'Italie.

ÉCOLE FRANÇAISE

203 — *Tête de Femme coiffée d'un bonnet.*

A la sanguine.

ÉCOLE FRANÇAISE

204 — *Jeune Femme lisant, appuyée à une petite table.*

Au crayon noir.

ÉCOLE FRANÇAISE

205 — *Un Abbé félicite un Peintre de son tableau.*

A la plume et au bistre.

ÉCOLE FRANÇAISE

206 — *Mausolée du parc Monceau.*

A l'encr de Chine.

ÉCOLE FRANÇAISE

207 — *Jeune Homme sauvant une jeune Femme dans un incendie.*

A la sépia.

ÉCOLE FRANÇAISE

208 — *Étude de Femme assise.*

A la sanguine.

ÉCOLE FRANÇAISE

209 — *Ruines, et Pêcheurs.*

Gouache.

ÉCOLE FRANÇAISE

210 — *Études de têtes de Femmes.*

Onze têtes, à la plume, sur une même feuille.

ÉCOLE FRANÇAISE

210 *bis* — *Portraits d'homme et de femme, costume du temps de l'Empire.*

Dessins ovales, aux crayons de couleur.

211 — *On vendra, au commencement de la vacation, quelques lots de dessins, de diverses écoles, non catalogués.*

MINIATURES

COCHIN

(CHARLES-NICOLAS)

212 — *Marie-Fortunée d'Este, princesse de Conti.*

Miniature sur ivoire, de forme ronde, peinte en grisaille, rehaussée de blanc.

Ce portrait a été gravé par Aug. de Saint-Aubin en 1781.

COCHIN

(CHARLES-NICOLAS)

213 — *Portrait de Carle Van Loo.*

Sur ivoire, de forme ronde.

Il a été gravé par Daullé, en 1754.

KLINGSTEDT

214 — *Les offres repoussées.*

Jolie miniature en grisaille, de forme carrée, rehaussée de couleur, sur vélin.

215 — *Jeunes Femmes au bain.*

Miniature de forme ronde, sur ivoire.

216 — *Loth et ses filles.*

Plaque d'ivoire, en vernis-Martin, dans un joli cadre en bois sculpté.

217 — *Portrait d'homme avec collerette.*

Miniature sur ivoire, de forme carrée, d'un personnage hollandais.

218 — *Soubrette du temps de Louis XV.*

Sur ivoire, de forme ovale.

219 — *Satyre découvrant Vénus endormie.*

Miniature très fine, sur ivoire, de forme ronde.

220 — *Portrait d'Homme, coiffé d'une grande perruque.*

Miniature ovale sur ivoire.

221 — *Portrait de Jeune Femme blonde, coiffure du temps de Louis-Philippe.*

Miniature sur ivoire.
Signée : *A. Suchy.*

www.ingramcontent.com/pod-product-compliance
Ingram Content Group UK Ltd.
Pitfield, Milton Keynes, MK11 3LW, UK
UKHW020400230726
13925UKWH00003B/1197